곰이 문을 열고 들어왔다

곰이 문을 열고 들어왔다

장문석 시집

고두미

■ 일러두기

본문에서 > 표시는 단락 공백 표시로 쪽이 바뀔 때 연이 새로 시작된다는 뜻입니다.

□ 시인의 말

당신에게 시란 무엇이냐,
물었다
나는 망설이다 옷이라고 답했다
옷이야 누구나 다 입는 것이겠지만
체형과 체질에 따라 어울리는 옷이 따로 있듯이
그나마 내게 어울리는 옷이 있다면
그게 바로 시라는 옷이라고,
그래서 딴은 열심히 재단하고 바느질했지만
멋들어지다, 말하는 이 드무니
베스트 드레서가 되기는 영 글렀다고
다만, 시라는 옷에 시인이란 명패를 얻었으니
세탁은 자주 하겠노라고
거울은 자주 보겠노라고
그게 시에 대한 예의가 아니겠냐고

2025년 가을
장문석

곰이 문을 열고 들어왔다 | 차례

제1부

겨울, 대숲에서	___ 13
피에타	___ 14
마라강	___ 16
수암골	___ 18
채송화 가족	___ 20
레일 위의 앵무새	___ 22
밀렵	___ 24
엘리베이터 놀이	___ 26
옥탑방 빨래집게	___ 28
버려진 시계	___ 30
항구순대	___ 31
용머리 해안에서	___ 32
주머니	___ 34
인디언질경이	___ 36
기린	___ 37

제2부

삼대	___ 41
문門	___ 42
할머니의 문자	___ 44
감자꽃	___ 46
봄 혁명	___ 48
동짓달 초닷새	___ 49
입추	___ 50
말을 함부로 하고 산다	___ 51
엄마 생각	___ 52
모녀의 꿈	___ 53
십 년만의 이별	___ 56
어느 초가을 오후였다	___ 58
진눈깨비	___ 60
그해 겨울	___ 62
초강천 돌탑	___ 64

제3부

23.5도	69
카페라테	70
카페 도미니카	72
무심천 벚꽃	74
조금은 외로운 사랑	76
섬으로 간다	78
바닷가에서	79
미래에서 온 북극곰의 편지	80
지피지피GPGP	82
지구에게 할 말이 생겼다	84
송사리	86
고은이 사라졌다	88
고향길	90
수컷에 대한 보고서	91
암컷에 대한 보고서	93

제4부

근황 1	___ 97
근황 2	___ 98
근황 3	___ 100
근황 4	___ 102
근황 5	___ 103
꽃 마중	___ 104
집에 가는 길	___ 105
출근길	___ 106
넥타이	___ 107
쑥부쟁이	___ 108
상당집 술 한잔	___ 109
귀가	___ 110
12월	___ 111
이름값	___ 112
곰이 문을 열고 들어왔다	___ 114

제1부

겨울, 대숲에서

삶에는 마디가 있다는 것
속을 비워야 곧게 선다는 것

눈 내린 날 아침
그 빈 마디에 침잠할 줄 안다는 것

피에타

아니다
너는 십자가에 못 박힌 게 아니라
바로 여기,
이 어미의 심장에 못 박힌 거다

네가 흘린 피를 이제는 내가 흘린다

신의 아들이라, 말하지 말라
그 이전에 너는 한 여인의 아들이며
나 또한 한 자식의 어미일 뿐

내 너에게 살과 뼈를 주었듯
너 또한 세상에 빛과 소금을 나누며
황야로 나갔다

그게 정녕 신의 뜻이라 할지라도

복음과 구원의 길에는 으레
핍박과 고난이 따르는 법

황야에서 돌아오는 너를 위해
이 어미는 늘 따뜻한 품을 마련했었다

오! 가녀린 나의 어린 양이여

부활이라 말하지 말라
내가 지금 품고 있는 것은
이 우주에서 가장 위대하고
가장 숭고한 비통일 뿐

너는 나의 아들이었다

마라강*

 정오 무렵, 사바나의 초원횡단열차가 강기슭에 닿는다 선택은 없다 건너야 한다 엄마 누가 새끼 누의 엉덩이를 걷어찬다 머뭇거리지 마라 초록 스테이크가 저편에 있음이다 너의 생명과 부족의 미래가 건넘에 있음이다 새끼가 주춤, 뒤로 물러선다 물러서지 마라 사바나의 건기는 악어보다 무섭다

 엄마가 앞장서 강물에 뛰어든다 바짝 붙어라 물결은 차고 거칠다 도처에 번뜩이는 저 호시탐탐, 죽음의 강이다 아니, 죽음으로 건너는 생명의 강이다 어차피 건너야 할 통과의례다 살아야 한다 돌아보는 찰나, 거친 물살이 새끼를 덮친다

 누대에 걸친 악어 부족 최고의 사냥 전략은 매복, 흙탕물 속에 엎드려 잠망경을 내민다 바야흐로 건기가 온 것이다 얼마나 기다린 계절이던가! 우기의 굶주림은 부족의 이빨을 한층 더 날카롭게 벼려 놓았다 살아야 한다 날고기의 만찬은 언제나 기다림의 끝에 있는 법, 조금은 더 음흉해져야 한다

 순간, 젊은 추장이 어린 누의 뒷다리를 잡아챘다 전광석화다 한 바퀴 빙글 돌아 패대기친다 패대기치고 또 패대기

치고…… 환호의 핏빛 물보라가 터진다 이윽고 시작되는 광란의 만찬, 걸귀처럼 달려들어 물고 뜯고 찢고 발기고…… 가까스로 하루치의 생명을 완성한다

 엄마 누가 강 쪽을 바라본다 망연자실, 피비린내가 훅, 가슴을 친다 새끼는 오지 않는다 머뭇머뭇, 돌아서는 엄마의 두 눈에 노을 몇 점 붉게 방울진다 잊어야 한다 하필이면 내 새끼였을 뿐, 엄마 누가 달리기 시작한다 휘영청, 적도의 보름달이 오른다

 악어들이 강기슭에 나와 월광욕을 즐기고 있다 누구 하나 입을 열지 않는다 저마다의 치열한 술수가 교교한 침묵으로 흐른다 밀리는 건 곧 죽음, 고기 한 점 채지 못한 늙은 옛 추장이 저만큼의 하류에서 흙낭물을 스르고 있다 그 뒤로 악어 사냥꾼들의 불빛이 은밀하다

＊케냐와 탄자니아 사이를 흐르는 강. 세렝게티 국립공원에 있다.

수암골

　수동도 아니고 우암동도 아닌, 우암동에서도 쫓겨나고 수동에서도 밀려난 산비탈 달동네에는
　밀레니엄과는 거리가 먼 동란 때의 곰팡내가 난다
　여기저기 녹슨 우편함에서 누렇게 바래가는 우편물들은 뿌리 없는 바람의 흔적이다
　어쩌다 마주치는 연탄 냄새는 하나같이 모자를 푹 눌러썼다 구공탄 구멍의 개수는 물어보지 않아도 뻔하다
　사람들은 동트기 전 연장을 챙겼고 밤 깊으면 술병처럼 기울어져 대문을 밀었다 빗장도 비틀비틀 입을 벌린 채 잠들기 일쑤였다
　달빛도 기웃거리지 않는 작은 창문에선 덧댄 비료 포대가 가끔 인기척을 냈지만 골목의 잔설은 3월에도 녹지 않았고 어떤 우체부도 봄을 배달하지는 않았다
　켜켜이 쌓이는 겨울의 무게를 견디지 못한 벽과 담장에 금이 가기 시작했다
　그 꼴이 흉하다 하여 비탈 아래 사람들은 거기에 해바라기와 만화를 그렸다 가난한 화공들이 고용되었다
　보기에 좋았다 아메리카노를 입에 문 사람들이 떼거리로 몰려와 연신 스마트폰을 눌러댔다 유물 전시관을 둘러보듯 신기한 눈빛으로 까치발을 떴다

덕분에 목숨 수壽 자에 바위 암岩 자를 하사 받은 산비탈 사람들은 졸지에 달동네가 아닌 수암골 사람들이 되어 자연스럽게 벽화 뒤로 유배되었다
　번데기처럼 움츠러져 헤진 작업복을 해바라기 뒤에 널었다 그들의 삶은 결코 만화처럼 웃기지 않았다

*수암골 : 청주시 수동과 우암동에 걸쳐 있는 슬럼가(한국전쟁 때의 피난민촌)

채송화 가족

 엄마는 사당패 출신 장구재비였다 장구통 하나만도 버거운 땅딸한 체신에 채만 들면 문득 한 마리 배추흰나비로 날아올랐다 나풀나풀 중모리로 돌다가 이내 자진모리로 솟구치고 다시 중중모리로 접어 휘모리로 몰아치는 장단은 사람들의 신명을 자유자재로 접었다 폈다
 그 장단에 맞춰 나는 노래를 불렀다 뽕짝과 민요 메들리, 사람들은 슬픈 가락을 원하지 않았다 간드러지고 덩실거리고 우쭐거리고…… 엄마의 췌장 뒤에 숨겨져 대물림된 진양조장단은 알려고도 들으려고도 하지 않았다 평생소원이 성인 옷 한번 제대로 입어 보는 거라는 중얼거림은 그 주인공이 엄마인지 나인지 알 수가 없다
 손풍금을 배운 건 열다섯, 그때부터 나는 장구보다 손풍금을 더 좋아했다 하나둘 건반을 건너다보면 어느덧 우주의 한복판, 시도 때도 없이 우주를 떠도는 소녀가 되어 먼 발치의 별자리를 꿈꿨다 요즘 즐겨 부르는 노래는 〈내 마음 별과 같이〉*, 엄마는 흰 적삼 끝동을 접으며 이따금 하늘을 올려다보곤 했다
 아빠는 타고난 어릿광대였다 죽방울받기와 접시돌리기는 일찍이 고수의 반열에 올랐고 땅재주꾼의 살판쇠로서도 장안에 이름이 높았다 허벅지가 바오밥나무를 닮은 작

은 거인이었다 너, 그거 아니? 채송화도 꽃밭에 들면 꽃이 된다는 거, 그러나 꽃밭은 나에게 너무도 멀고 먼, 그리고 낯선 단어였다

 익숙한 건 차라리 소주였다 공연 틈틈이 홀짝거린 술잔은 이미 이골이 났고 관객조차 심드렁한 날에는 두 병까지도 나발을 불었다 오늘이 그런 날이었다

 내 마음 별과 같이
 저 하늘 별이 되어**

 분장이 얼룩졌다 비가 오나? 노란 색동으로 눈가를 훔치는데 누군가 손수건을 건넨다 어느 틈엔가 엄마 아빠도 옥상에 올라와 있었다

* 현철이 부른 노래 제목
** 〈내 마음 별과 같이〉의 가사 중 일부

레일 위의 앵무새

 레일을 달리는 기차의 노래는 규칙적이다 철커덕철커덕, 일정한 간격의 박자는 우리의 심신을 안정시킨다 음표 하나 어긋난 데가 없다 빠진 데가 없다 레일은 완벽한 갖춘마디의 악보이다

 나는 아이들을 가르치는 선생이다 금과옥조 교과서를 레일 삼아 노래하는 앵무새이다 철커덕철커덕, 마디마디 황금의 꽃이 피고 그것으로 이마에 치장을 한다 가족을 부양한다 모범적인 우상이다

 레일은 네모 반듯한 침목 위에 있다 그 위에 오르기 위해 일찍이 세상의 숲에 들어 벌목을 했고, 그걸 다듬어 각을 세웠다 세상의 길에 침목을 놓았다 도끼에 찍힌 발등은 이제 훈장이다 철커덕철커덕, 훈장을 휘날리며 몇 개의 역참을 지났다

 역참과 역참 사이의 풍경이 익숙하다 도돌이표 덕분이다 철커덕철커덕, 갖춘마디의 덕목은 반복이다 도돌이표 너머는 함부로 넘보는 게 아니다 심심찮게 들리는 탈선의 풍문은 시험문제로 출제한다

\>

  역참마다 교과서를 새로 바꾸기도 하지만 음표 몇 개의 자리바꿈이 박자의 규칙을 바꾸지는 못한다 철커덕철커덕, 침목 위를 달리는 일정한 박자의 레일은 안정적이다 소실점을 지우는 도돌이표 위에 앵무새가 앉아 있다

밀렵

금단의 율법은 태생적으로 치명적인 유혹의 귓불을 가지고 있다
은밀히 뒤로 돌아가 콱, 깨물어 주고 싶은

기름진 알리바이를 먹고 자란 담장은 가시면류관을 쓴 채 덩굴장미를 거느린다
호화로운 식탁일수록 비밀한 법, 붉은 비키니의 수발은 동서고금의 불문율이다

초원을 떠난 상아가 진열장에서 사바나의 햇살 궐련을 꺼내 물었고
송곳니를 감춘 악어가 거실 한복판에서 악어새를 부른다

오늘의 초대 손님은 자선단체의 수장들, 올해는 한 명이 더 늘었다
그들은 대문에서부터 감지덕지 머리를 조아릴 터, 기부금이 어디 한두 푼이던가!

요리의 출처를 묻는 것은 금물, 이빨 새의 찌꺼기를 눈치껏 쪼아 먹고 입가심 물을 한 잔 대령하는 것이 선험적

인 지혜이다
 그렇게 그들은 금단의 보호구역으로 들어간다

 그들이 한창 만찬을 즐기고 있을 때
 담장 너머로 또 한 무리의 밀렵꾼들이 두런두런 다가오고 있었다

엘리베이터 놀이

지하 2층, 그러니까 아파트 맨 아래층이다
눈치껏 엘리베이터에 오른다
마스크를 미리 준비하는 것은 필수

엘리베이터 벽에 기대어 팔짱을 낀다
사람들이 가볍게 목례를 하면
나도 고개를 까딱, 응답을 한다
모두가 마스크를 착용하고 있다

한 층, 한 층,
오르고 서기를 반복하는 엘리베이터
사람들은 구태여 말을 하지 않는다
마스크도 벗지 않는다
다행이다 나는 고개를 젖혀
천장을 쳐다본다
딴은 아주 높은 데 산다는 듯

마침내 지상 25층, 그러니까 맨 꼭대기 층이다
내가 꿈꾸는 가장 높은 층이다
아찔한 현기증, 나는 항상 이쯤에서

강렬한 요의를 느낀다
꾹꾹 참았던 오줌보를 한꺼번에 확!
저 아래 세상을 향해 터트리고 싶다

그때 딩동, 엘리베이터가 신호를 한다
잠시 부르르 진저리를 친 나는
서둘러 검은 마스크를 고쳐 쓰고는
엘리베이터의 내림 버튼을 누른다

한 층, 한 층,
하나둘 사람들이 들어오고
목례를 한다

다시 맨 아래층, 그러니까 지하 주차장이다
승용차가 없는 나는 출구까지 걸어 나온다

옥탑방 빨래집게

옥탑방 주인은 두문불출이다
벌써 석 달이 넘었다
전염병의 창궐은 핑계일 뿐
마땅히 갈 곳이 없다

그래도 일주일에 한두 번은
빨래를 한다 빨고 빨아도
땀내와 기름내 여전하다
일을 하지 않아도 몸에 배었다

집게가 그 냄새를 물고 있다
추락할세라 어금니로 꽉!
하늘에 매달고 있다
하늘을 놓아서는 안 된다는 듯
절대 안 된다는 듯

집게의 어금니에는 톱니가 있다
무엇이든 옹골지게 물기 위함이다

오늘은 하늘을 물고 있다

일제히 연대하여 악착같다
그냥 떠나서는 안 된다는 듯
절대 안 된다는 듯
3층 옥상에 꽁꽁 붙들어 매고 있다

그것뿐이다
집게가 할 수 있는 건 그게 전부다

버려진 시계

유서 한 장 남기지 못한
반지하 셋방의

웅크린 남루로는
톱니바퀴를 더 이상 돌리지 못한 듯
정오 못미처에 멈춰 있다

애초부터 그에게
지상의 시간은 주어지지 않았는지도 모른다

반쯤이나마 세상을 향했던
몇 바퀴의 시간마저
개다리소반의 말라붙은 컵라면이다

그걸 덮고 있는 달력
오래된 침묵이다 날짜마다
X표 마스크를 한 채

이제 곧 압착될 것이다
잊히는 게 아니라 소멸될 것이다

항구순대

배 한 척 정박해 있다
저 여자, 여기까지 흘러왔다
지나온 항해 거칠고 험했던 듯
이마에 패인 해협 골골이 깊다

막창 순대로 소문난 맛집이다
하루에도 몇 번씩
가마솥 뚜껑을 열었다 닫는다
뒤집히고 또 뒤집히고
그때마다 뜨거운 무적霧笛이 운다

무적 속을 떠도는 섬, 섬들
저 여자, 막창을 꽉 채우고 있는 것은
그 섬들이다 섬들이 흘린
검붉은 선지이다
두껍지 않았으면 터졌을 것이다

가지런히 썰어낸 순대 한 접시
쫄깃하다 꼭꼭 씹다 보면 어느덧
'항구순대'가 항구등대로 읽힌다

용머리 해안에서

제주도 용머리 해안의 간이천막 안
늙은 해녀들이 좌판을 벌이고 있다

해삼 멍게 등속과 소주 한 병을 시킨다
그런데 시끄럽다
가뜩이나 익숙지 않은 제주 사투리에
목청은 용머리 해안의 파도 소리를 넘는다

이건 심하다 싶어 우스갯소리로
화통을 삶아 먹은 것 같소이다,
했더니만
미안허우다, 미안허우다,
모두들 어둡게 돌아앉는다

몰랐다

물질이 다름 아닌 수압과의 싸움이라는 걸
비바리 때부터 시작된 수십 년의 물질이
그네들의 고막에, 그 나이테에
시나브로 구멍을 숭숭 뚫어 놓았다는 걸

\> 그 아픈 삶의 이력을 몰랐다

올해로 아흔두 살인 아버지
당신의 아득한 청력 또한
세월의 수압과 싸워 온
구멍 난 나이테의 또 다른 이름이라는 걸

주머니

바지를 벗는다
침대에 들기 위한 마지막 통과의례다

내 바지엔 세 개의 주머니가 있다
앞에 두 개, 뒤에 하나
왼쪽 앞주머니엔 자동차 열쇠가
오른쪽 앞주머니엔 휴대전화가
그리고 오른쪽 뒷주머니엔 지갑이
들어 있다 진종일 나를 끌고 다닌

은회색 자동차, 오늘도 시동을
열 번도 넘게 걸었다
그때마다 휴대전화는 울렸고
가는 곳마다 지갑이 열렸다 닫혔다

세상과 나는
세 개의 주머니로 연결돼 있었다
어느 한 주머니가 비거나 찢어지면
불안했고 외로웠다

>

주머니에서 세상은 나갔고
주머니로 세상은 들어왔다

그건 언제나 칼날이거나
꽃이었다 꽃도
송곳 위에 피어 있기 일쑤였다
그래서 늘 핏물이 묻어 있던

주머니를 벗는다

인디언질경이

질기고 독하다는 말,
빈말이라도 하지 마세요
당신들이 우리 땅 **빼앗았잖아요**
짓밟고 또 짓밟았잖아요
수수만년 사원이자 신전이었던
숲, 그 영험에 불을 지르고
사냥하듯 총질까지 했잖아요
숲의 정령들이 구천을 떠돌고
별들의 춤사위가 고꾸라졌어요
그 주검에, 그 죽음의 터에
당신들은, 당신들의 집을 지었잖아요
은혜는 바라지도 않아요
원주민이라는 말,
연민인 척 하지 마세요
물려받은 혈통은 눈물이라서
좁은 틈새일망정 날 선 뿌리를 내리고
일단은.
악착같이 버티는 것뿐이에요

기린

기린은 아주 잠깐 쪽잠을 잔다
그것도 나무 밑에 웅크려
그 긴 모가지를 용수철처럼
휘감고 잔다
적들의 낌새가 있으면
재빨리 펼쳐야 하기 때문이다

물을 마실 때도
무릎을 꿇지 못한다
엉거주춤 네 다리로 버틴 채
쫑긋 귀를 세운다
적들의 기척이 있으면
재빨리 도망쳐야 하기 때문이다

살아야 하기 때문이다
옆에 새끼가 있기 때문이다

제2부

삼대

아버지는 전쟁과 가난에 대하여
나는 투쟁과 민주화에 대하여
딸은 공정과 상식에 대하여

찻잔이 식기도 전에 대화가 끊겼다

문門

문을 열어 놓으라 하셨다
먼 데서 손님이 오고 있으니 맞을 채비를 해야 한다는 것이었다

아직은 쌀쌀한 바람이 하현의 뒷바퀴를 밀고 가는 음력 삼월의 봄밤이었다

당신의 폐는 시나브로 그믐을 향하고 있었다 폐섬유화증이라 했다
달의 숨소리가 명주실처럼 가늘고 약했다

초승의 문을 열고 인동 장씨 가문에 첫발을 들인 후,

낮에는 텃밭을 일궈 이랑마다 물을 주셨고, 밤이면 시렁의 이불을 내려 안방의 온기를 지키셨다

수시로 문은 열리고 닫혔지만 당신의 몫은 문밖을 나서는 일이 아니었다
마당에 비질을 하고 문패를 닦는 일로 위안을 삼으셨다
>

가을이면 종종 키다리 국화처럼 산 너머 강물 소리에 귀를 기울이곤 하셨지만
  나들이 장옷을 꺼내 입지는 않으셨다

  명주실은 어김없이 당신의 새벽잠을 흔들었다
  이제는 올 때가 되었는데…… 문은 열어 놓았느냐

  거부하기엔 눈빛이 너무 깊고 신령했다

  말없이 밖에 나가 문을 열어 놓았던 그날 새벽, 마침내 기다리던 손님이 온 것일까

  당신은 마지막 남은 그믐의 달빛을 거두고 문밖 어둠 속으로 사뿐히 날아가셨다

할머니의 문자

 꿈결인 듯 오줌을 지리던 날이 있었다 창피해라, 잔뜩 웅크려 이불을 뒤집어쓰면
 — 괜찮다 엄마한테 안 이를게
 할머니 품 안의 새벽은 늘 뽀송뽀송했다

 간밤에 몰래 먹은 날고구마를 핑계로 아침부터 화장실 들락날락 눈치껏 배를 움켜쥐면
 — 너, 숙제 안 했구나 너만 안 했겠니?
 도시락 싸 들고 교문 앞까지 손목 잡아 끌었다

 할머니의 뒤태는 세월이 무색해서 친구들이 엄마냐, 묻기도 해요, 너스레를 떨면
 — 너, 대학생이 되더니 애교가 늘었구나 애인한테 배웠니?
 사실 애인이 가르쳐준 말이었다

 그 애인과 결별하고 술 취해 돌아온 날 밤, 조용히 식탁에 불러 앉히고는
 — 그 애도 너처럼 울고 있을 게다
 마트에 나가 소주 한 병을 더 사오셨다

>
　— 할머니는 어떻게 내 맘을 그리도 잘 알아요?
　— 바보야, 네 얼굴에 다 쓰여 있잖아

일찍이 얼굴 문자가 있다는 말, 단 한 번도 들어본 적이 없건만

　— 오늘은 이 할미가 보고 싶어서 왔구나
　하얀 나비 한 마리가 나풀나풀 앞장서 산길을 오른다

감자꽃

갸들이 공부를 참 잘했어 집안 일으킬 인재라구 다들 입방아를 찧었응께

가리봉동 시다로 들어간 게 열네 살, 시골 무지렁이에 아랫도리 째진 보리쌀들이 갈 데가 어딨겄어 뻔하지 내 똥자루만 한 키도 숙여야 하는 야트막한 천장 아래서 쌍코피 터졌지

감자꽃을 왜 따 주는지 알어? 씨알로 가는 영양가를 빼앗기 때문여

한때 식모살이도 했어 먹고 자는 건 그래도 편한 시절이었지 그 주인 새끼가 덮쳐오기 전까지는, 도마뱀처럼 분홍빛 꽃부라자를 끊고 줄행랑을 놨지

아, 술맛이 끝내주네

그런데 웃기는 건 말여 내 꽃부라자를 반쯤이나마 벳긴 사내가 평생 그 새끼가 처음이자 마지막이었다는 거여
〉

결혼 안 했냐구? 얼굴 못 생겼지 동생 놈들 뒷바라지해야지 개뿔 뭐 내세울 게 있어야지

　동생들? 다 잘됐지 공장에 식모살이에 식당에…… 나만 똥줄이 빠졌어
　막내 놈은 처갓집 병원의 어엿한 내과과장이구 큰놈은 통장 박박 긁어 미국인가 아메리칸가 유학 보냈더니 거기서 코 큰 여자 만나 아예 뿌리를 박구
　그래도 고향 집 한 채는 그놈 이름여

　여기 술 한 병 더 시켜

　해가 안적도 저만큼인 걸 보니 지금이 딱 그 철이네 요즘도 하지감자 꽃을 따 주는지 몰러
　씨잘데없이…… 꽃 피면 다 꽃인 줄 알구

봄 혁명

혁명은 이미 예고된 것이었다

산수유 첨병이 겨울의 바리케이드를 넘어 노란 예광탄을 쏘아 올리자 곧바로 개나리 선봉대가 마을의 집집을 포위하기 시작했다 홍매 백매가 좌우 양측에 포진하고 진달래 근위대가 뒷산 팔부능선까지 화포를 설치하고는 언제든지 북진할 수 있다는 듯 꽃술을 벼렸다 이에 기세가 오른 주력부대 도리행화桃李杏花 중군은 단숨에 앞산을 점령한 다음 이제 막 목청에 물이 오른 얼룩무늬 통신병 개구리에게 승전보를 타전하도록 했다 개굴개굴 새도록 승전보가 울렸다 먼 데 피난 갔던 벌 나비들의 날개 추스르는 소리가 여명을 적셨다

전세를 확인한 종달새 사령관은 곧장 궁궐의 담장을 넘어 대전에 들었다 친히 새벽 뜰에 나와 있던 목련 여왕은 드디어 새하얀 왕관을 들어 혁명의 완성을 선포했다 속전속결의 아름다운 무혈혁명이었다

혁명의 논공행상에 맨 앞자리를 차지한 것은 봄비 보급대였다

동짓달 초닷새

 강물은 옆구리의 군살을 마저 빼기 시작했다 바람의 결을 살피던 갈대도 서둘러 외투의 깃을 여몄다 찌르르 찟찟 붉은머리오목눈이가 그 안에 깃들었다

 청홍의 혼인색 번쩍이며 여울목 넘나들던 불거지도 마침내 제 짝을 찾은 듯, 수초침대에 파르르 물무늬 번진다 머잖아 포근한 살얼음이 깔릴 것이다

 등성이 넘나들며 빗방울 뿌리던 민머리 구름이 회색 털모자를 찾아 썼다 바야흐로 빙설 가공 공장을 가동했다는 신호, 돌이켜보면 초벌구이 진눈깨비가 몇 번인가 창문을 두드렸다

 비로소 톱밥난로에 불을 지핀다 사내는 구절초 달인 물을 마시며 지난 생의 아홉 마디를 음미 중이다 동지의 어둠이 멀지 않았음이다

입추

　매미들의 무성한 코러스가 미루나무 우듬지를 정점으로 슬쩍 꼬리지느러미를 아래로 비틀자 태양의 시계추가 째깍 화장대 서랍에서 황갈색 색조의 립스틱을 꺼내 물었다

　일찍이 동장군과 그 잔당들을 일거에 제압하고 온누리에 초록의 시대를 선포했던 혁명군의 첨병 산수유가 이젠 소임을 다했노라 사직서를 낸 게 바로 엊그제

　천문에 밝은 혁명의 축하사절단이자 용병을 자처한 남국의 제비들도 하나둘 처음의 전선으로 돌아와 변방의 동료들에게 귀국의 통문을 타전하기 시작했다

　바야흐로 엽록의 수레바퀴를 멈춰야 할 때

　햇살의 혓바닥이 조금씩 짧아지고 있다 그만큼 길어진 귓바퀴를 굴려 동구에 이르면 먼 들녘으로부터 아장아장 걸어오는 씨앗들의 작은 옹알이, 그 어여쁜 것들을 위해 오늘부터 요람을 짜려니 오후엔 뒤꼍 대밭에 올라 오죽 몇 그루는 베어야겠다

말을 함부로 하고 산다
— 고 조원진 시인을 추모하며

— 장 시인의 시는 물이 흐르듯 유장하고 매끄러워
— 조 시인의 시는 눈물 뒤에 늘 웃음의 반전이 있어

그렇게 술잔 부딪친 세월이 있었다

그러나 시가 꼭 생이 되는 것만은 아니어서
나는 툭하면 너덜겅에 코피나 흘리고
그대 또한 무에 그리 급했는가
반전도 없이 훌쩍 강 너머로 가뭇없으니

우리는 참, 말을 함부로 하고 산다

엄마 생각

장독대 옆
능소화 피었다

아, 다홍빛 브로치!

너무 고와 그만 울컥하는데
두어 송이 곱게 내려앉는다

애야,
이게 바로 씨간장독이란다

모녀의 꿈

분홍 원피스의 앳된 소녀가 무대에 올랐다
네 발 보행기를 조심조심
넘어질세라 엄마가 옆에서 잡아주고 부축했다
마이크 앞에 이르자 엄마는 재빨리 딸 뒤에 무릎 꿇고는
혹시나, 딸을 떠받쳤다
장애인의 날 노래자랑 무대에서였다

> I have a dream,
> A song to sing*
> *나에겐 꿈이 있어요,*
> *불러야 할 노래가 있어요*

맑고 청아한 목소리였다
불러야 할 노래가 있다는 거였다
그게 꿈이라는 거였다
엄마가 대견하다는 듯
그 꿈이 곧 엄마의 꿈이 아니겠냐며
환한 미소로 손장단을 쳤다

> I believe in angels

Something good in everything I see
나는 천사의 존재를 믿어요
보는 것마다 뭔가 좋은 게 있거든요

뒤돌아보는 딸의 눈물과
올려다보는 엄마의 눈물이
반짝, 마주 빛났다
순간, 보행기를 놓친 딸이
비틀, 했다 엄마가 황급히
딸의 다리를 껴안았다

I'll cross the stream
I have a dream
강을 건널 거예요
나에겐 꿈이 있어요

관객들은 시나브로 물소리에 젖기 시작했다
찰방찰방, 낮지만 결코 끊일 수 없는……
모녀는 이미 강을 건너고 있었다
막이 내렸는데도 조명이 꺼졌는데도

오래도록
그 소리에서 벗어날 수가 없었다

*스웨덴 출신 혼성 그룹 ABBA의 노래 〈I have a dream〉

십 년 만의 이별
― 어느 자살 사별자*의 이야기

동굴 안에 갇혀 있었어요
발가벗은 채였는데요
젤리 같은 검은 흙이 가득 차
움직일 수 없었어요

― 어떡해, 어떡해

그건 관棺이었어요
참 익숙한 냄새가 났는데요
어둠을 핑계로 외면했어요
인정하기 싫었거든요

― 이기 미쳤나 보다
　와 여기에 있노

그런데 이상한 일이었어요
내가 그 옆에 누워 버린 거 있죠
두려웠느냐고요?
아니오, 오히려 몸이 따뜻해졌어요
담요를 덮어주었거든요

>
　— 마을로 가

　멀리 빛이 보였어요
　나갈 수 있겠더라고요
　흙을 하나하나 떼 내며 기어 나오니
　동굴 밖은 산등성
　아래로 마을이 보였어요

　— 당신 죽고 개명도 했어
　　　내 이름 탓일까 봐

　처음으로 울었어요 십 년 만에
　비로소 당신의 우울이 보였거든요

　— 당신 외로웠겠다
　　　잘 가

　　＊심리적으로 가까운 이를 자살로 잃은 사람을 일컫는 말

어느 초가을 오후였다

나를 집에 데려다 다오
여기서 생을 마감하고 싶진 않구나
처방해주는 약은 잘 먹을 것이고
오라는 날 병원에도 꼭꼭 갈 것이다
부디 내 뜻을 존중해 다오

집에 돌아온 그는
혼자 남게 될 늙은 아내를 위한
통장을 딸에게 맡겼다
부고를 보낼 명단을 만들고 연락처를 남겼다
평생 구독해온 신문을 끊었다

아, 얼마나 존귀한 시간들인가!

장례식장은 그때 거기로 하거라
추모원 납골당은 이미 예약해 놓았으니
바로 그놈 위 칸이다
앞으로는 내가 그놈과 놀아줄 터이니
며늘아가, 넌 이제 네 길을 가거라
그리고 당신……

\>
　그제야 무언가를 눈치챈 듯
　늙은 아내가 울먹울먹 그를 껴안는다

　햇볕 따사로운 어느 초가을 오후였다

진눈깨비

 시나브로 생사의 경계를 놓아 버린 아버지, 여기가 어디냐? 동공은 길을 잃고…… 생生인가, 사死인가, 어느 쪽 문인가를 두드리듯

 이따금 들썩이는 저 어깨, 빌린 적 한두 번이 아니다 허방에 골절되어 깁스하거나 되치기 칼침에 피 흘릴 때, 완고한 침묵의 한쪽을 조용히 내주곤 했다

 그건 견고한 침목이었다 레일이 깔리는, 때론 강을 건너고 터널을 지나고…… 레일 위에서 발을 씻고 별을 닦았다 애써 소실점은 외면했지만, 기적 소리 점점 잦아지더니
 가까스로 링거줄에 매달린 저 아흔네 해의

 생은 어쩜 그리 거창하거나 거룩한 것이 아닌지도 모른다

 초록의 속눈썹 흩날리던 동구의 버드나무일까, 초야의 영창 우련하던 시월의 달빛일까, 첫아들 둥근 이마에 둘러치던 금지옥엽 금줄일까?
>

아직은 당신을 붙들고 있는

기억의 세포가 겨울바람 속의 먼 불빛이다 손 뻗어도 닿지 않는, 이승도 아니고 저승도 아닌, 진눈깨비가 가만히 창문을 들여다보는

그해 겨울

갈비를 먹고 싶다 하셨다
믹서에 갈아 죽을 끓였다
간신히 틀니 하나로 버틸 때
임플란트를 하자, 설득했으나
죽 먹으면 된다, 고집하셨다
맨날 누가 죽을 끓여요
해서는 안 될 말이었다

바람을 쐬고 싶다 하셨다
휠체어를 밀었다
협착증으로 절룩일 때
수술하자, 강권했으나
무섭다, 완강하셨다
나중에 주변 사람이 힘들어져요
안 해도 될 말이었다

기억이 외출 중인지
가래 끓는 소리 자주 끊겼다
오줌통을 비우고
오래된 이불을 끌어 덮었다

문득 새로 바람이 습했다
눈이 오려나?

손잡아 줄 걸 그랬다
업고 대문 밖 나서볼 걸 그랬다
한 걸음 뒤가 아니라
한 걸음 가까이서
그 막막한 외로움, 들여다볼 걸 그랬다
기어코 눈이 내렸다
산길을 자주 미끄러졌다

초강천 돌탑

초강천* 징검다리 건너 월류봉** 앞자락에 들면
월류봉과 초강천이 빚어 놓은 딱 시골학교 운동장만 한 돌밭이 하나 있는데요
누가 먼저랄 것도 없이 자그마한 돌탑들이 앞다투어 즐비합니다
적게는 대여섯, 많게는 스물 남짓한 돌들이 층층 돌탑의 성지를 이뤄 자못 경건합니다
높이래야 기껏 어른 어깨까지가 고작, 하여 월류봉 달빛 풍류는커녕 그 흉내조차 내지 못할 소박한 품새지만
탑신 또한 단출하여 큰물이라도 한번 질라치면 속절없이 쓸려갈 게 분명한 홑 매무새지만
뭇 중생들의 무릎 공양으로 세상에 현신한 신통이니 그 영험이야 어느 절집 근엄한 돌탑에 비하겠습니까
쓰러지면 또 쌓고 쓸려가면 또 쌓고…… 여전히 우리 곁에 돌탑이 서는 까닭입니다
오늘도 초로의 한 여인이 두 무릎 꿇었습니다 한 층 더한 돌탑이 다소곳한 합장입니다
그 돌탑을 협시하듯 감돌아 흐르는 초강천 여울이 바야흐로 물비늘 스웨터를 짜기 시작한 듯
돌탑의 그림자가 성큼 추분의 경계를 넘어섭니다

*월류봉 : 달이 머물다 간다는 한천팔경 중의 제1경(충북 영동)
**초강천 : 월류봉 밑을 흐르는 내

제3부

23.5도

지구본을 돌린다 회전축이 23.5도 기울어져 있다
비로소 밀썰물이 오가고, 밤낮이 생기고, 계절이 빛깔을 달리하고

도미니카는 반대편에 있다 아무리 돛을 올려도 가까워지지 않는……
사이에 대양과 대륙이 있다 불의 고리가 있다

부러지고 찢어지고 불타 버려도 좋다는 돛의 맹목을 사랑이라 부른다면 그건 아주 오래된 고전적 수사이다
지구의 회전축처럼

난파된 갑판의 널빤지들이 항해의 이력을 발효시키고 있다 발효의 임계점은 굳이 묻지 않는다
지구는 둥글다

지구가 돌고 있다 한 바퀴, 한 바퀴, 나는 23.5도 기울어져 있다
도미니카, 당신을 향해 돌고 있다

카페라테

하얀 종려나무 숲을 헤치고
안으로 들어간다

한 모금 한 모금

혀끝에 감기는
잘 볶아진 카리브해의 햇살이다

도미니카, 도미니카일 것이다

가뭇없는 둥근 해변을 따라
바야흐로 태고의 침잠이다
나는 그 위에 심장을 꺼내 놓는다

심장이 뛰고 있다
바차타* 바차타 뛰고 있다
전생일 것이다, 전생부터였을 것이다

이생에서의 내 소원은
이 심장이 터지는 것

>
  단 한 번,

  도미니카와의 입맞춤으로
  초신성처럼 폭발하는 것

  그리하여 그 섬광을 찍어
  마침내 사랑의 편지를 완성하는 것

  나는 지그시 눈을 감고 혀끝을 내민다

  *도미니카 공화국에서 유래한 전통 음악의 이름이자 커플 춤 중의 하나

카페 도미니카

 도미니카가 오고 있어 카리브해의 따사로운 햇살에 다글다글 커피가 익어가는 소리, 들려? 혀의 깊숙한 곳까지 스미는 다갈색 음조야 그 낮은 화음에 한 계절 공그른 향내가 수평선부터 첩첩이네 뚜우-뚜 소라고둥 앞세우네 나는 이미 잘 데워진 한 잔의 산양유

 그는 조심스럽게 커피를 내린다

 오늘도 바람이 많이 부네 이런 날은 역시 산양유 토핑이 어울려 도미니카가 가장 좋아하는 카페라테야 허리케인이었던가? 맞아 허리케인과 함께 도미니카는 내게로 왔어 어디서 왔느냐 물었더니 하얀 챙모자를 흔들며 카리브해에서 왔다고 했어 진한 커피 향이 훅 끼쳤지 그때 얼른 창문을 닫았어야 했는데……

 창문은 이제 닫히지 않을 것이다

 도미니카는 번개를 타고 왔어 그 짧은 섬광의 찰나, 내겐 피뢰침이 없었던 거야 그렇지 않고서야 심장 한복판에 푸른 산호의 길이 생길 리 만무하지 따라가면 거기, 도미

니카라는 문패가 비밀스럽게 걸린……

카페 도미니카는 밤늦도록 불빛이 환하다

무심천 벚꽃

벚꽃 흐드러진 무심천 둑길
쏴아! 도미니카가 내게로 왔다
은하의 물이 통째로 범람하던 봄밤이었다

꽃잎이 하르르 쏟아져 내렸다
그 황홀한 난분분에
무심의 물결이 일시에 물빛을 달리했다

도미니카와의 봄밤은 환했다
너무 환했으므로 남들은 볼 수가 없었다
공중에 그물침대를 걸쳐 놓기도 했다
너무 맑았으므로 아무도 눈치채지 못했다

환했지만 우리는 검은 진주였고
맑았지만 우리는 붉은 용암이었다

그러나 벚꽃의 한철은 짧았다
어김없는 봄 가뭄의 노란 질투가 시작되었으니
은하의 물이 메마르기 전
도미니카는 카리브해로 돌아가야만 했다

> 　도미니카가 떠나간 무심의 둑길
　그러나 나는 이미 예전의 무심이 아니었다

　그리하여 해마다 벚꽃 피는 봄밤이면
　은하의 흔적을 따라
　그 짧았던 사랑 노래를 부르는 것이었는데
　사람들은 여전히 도미니카를
　카리브해의 공화국쯤으로만 여겼다

조금은 외로운 사랑

때로 사랑이 두려워지면 우리
저 남쪽 신안의 앞바다로 가자
거기서 너는 꼭 반달만 한 섬이 되고
나는 꼭 조롱박만 한 섬이 되자
너무 멀리는 말고 문 열면 지척인
그저 반 마장쯤의 거리에서
조금은 우리 사랑 식혀 보자
너는 밤마다 반달로 오르고
나는 조롱박에 천 년 샘물을 길어
온밤이 아닌 딱 반 밤만
달 물살 반짝여 보자
나머지 반 밤은 하늘에 뿌려
은하로 흐르게 하자
그래도 못내 사무치면
너와 나 사이에 길을 놓자
진종일 오가는 뭍길이 아니라
물 들면 잠기고 물 나면 드러나는
그런 노둣길을 놓자
그 노둣길 걸어 한나절이 아닌 딱 반나절만
해조음에 귀 기울이자

나머지 반나절은 물속에 두어
짭조름히, 짭조름히 절여지게 두자
한 생이 쉬이 저물어서야 쓰겠는가
그래서 먼 훗날에도
달 물살 일고 노둣길 열리면
마침맞게 잘 절여진 우리 사랑을
하얀 식탁 위에 올려 보자
서두를 것 없이 천천히
그것도 한 술씩은 말고 딱 반 술씩만
서로의 혀끝에 올려 보자
그렇게 조금은 외로운 사랑을 하자

섬으로 간다

 불쑥 솟구쳤다가 이내 낮게 엎드려 앞서거니 뒤서거니, 그리다가 불쑥 다시 솟구쳐 울레줄레 첩첩, 봉우리[山]마다 새[鳥]들이 내려앉는다

 섬[島], 섬이 된다, 섬들

 섬들은 날개를 가졌다 조석의 물때에 맞춰 어김없이 날아오른다 쏴아 쏴—, 신안의 앞바다가 날아오른다

 날갯짓, 저 날갯짓, 물살을 밀고 당기는…… 달빛 너울을 따라 조금이 되기도 하고 사리가 되기도 하고

 그때마다 질펀한 개펄엔 온갖 갯것들이 태어나고 꿈틀대고 팔딱거리고…… 뭇 생명의 젖줄이 짭조름히 젖어드는

 섬과 바다, 달빛 인연이다 천지가 문을 연 이후 달은 늘 한결같은 자태로 물때를 주관하며 단 한 번도 차고 이욺을 게을리한 적이 없다

 그리하여 섬, 영원한 섬들, 우리는 지금 섬으로 간다

바닷가에서

세상의 이목구비가 궁금한지 늘 혓바닥을 날름거립니다
해안이란 해안은 죄다 핥고 다니며 맛의 감별사를 자처합니다
이따금 벼랑을 만나면 심박수가 급격히 튀어 올라 머리를 짓찧으며 새하얗게 포효하기도 합니다
자못 비장하고 웅장한 맛이 있습니다
그때마다 오색 무지개가 비낀다는 풍문이 해안을 적시기도 합니다만 개의할 일은 아닙니다
그렇다고 염도가 달라지는 것은 아니니 일구던 염전 그대로 일구십시오
이내 잔잔해질 것입니다
저만큼 바위너설에 따개비 몇 마리 붙여 놓고 흘끗흘끗 물러날 것입니다
시인이란 작자들이 원래 그렇습니다

미래에서 온 북극곰의 편지

이제 얼음침대가 하나만 남았어요
그 마지막 침대에 누워 이 편지를 쓰네요
한때 물범 사냥으로 밤하늘의 별을 세던
엄마 아빠의 침대는 끝내
빙점을 사수하지 못했어요
백야의 새벽, 밀어닥친 조류에
단단했던 만년설 매트부터 녹아 버렸거든요

조짐이 없었던 건 아니에요
하루에도 몇 번씩 거대한 빙벽이
우르릉 철썩 무너져내리고
여름철이면 아랫녘 툰드라에서
크릴새우보다 더 많은 모기떼가 몰려오고
물범도 아니고 여우도 아닌
감당 못 할 범고래만 빙산처럼 출몰하던

차라리 인간들의 총이 좋았다고도 해요
때로 총 맞은 이웃이 설원에 피를 뿌렸지만
그래도 빙하는 살아 있었거든요

>

석탄과 석유에 불을 붙였대요
소와 돼지를 대규모로 사육했대요
이산화탄소와 메탄가스가 대기를 채우고
그것을 흡수하던 삼림을 파괴했대요
그 자리에 또다시 공장을 세웠대요

오존층에 구멍이 생기고
그것이 점차 커지고 있다는 소식,
지구의 온난화 때문이라네요
주범이 이산화탄소와 메탄가스라네요
아니, 인간들의 탐욕 때문이라네요

이제 북극엔 빙하가 없어요

이 편지가 당신에게 도달할 때쯤
나는 침대와 함께 이 세상에서 사라졌겠죠
당신 또한 이 편지를 읽을 때쯤
한반도의 어느 산꼭대기에 표류해 있을지도 몰라요
대륙이 점점 물에 잠기고 있거든요

지피지피 GPGP*

 태평양 한가운데 떠 있는 거대한 섬나라 지피지피, 언어와 피부색은 달라도 현대문명을 건국의 아버지로 반부패를 건국의 이념으로 삼은 다국적 다문화의 연방공화국, 비록 UN의 정식 회원국은 아니어도 그 위세만큼은 어떤 상임이사국 못지않은 막강한 신생 제국, 그 이름 지피지피

 지피지피는 지금도 맹렬히 팽창 중이다 태평양 연안의 깡통족, 비닐족, 플라스틱족, 스티로폼족 등이 쿠로시오 해류, 북태평양 해류, 캘리포니아 해류, 북적도 해류 등을 타고 쉴 새 없이 밀려든다 입국 비자도 없이 단번에 국경을 넘어 단일대오가 된다 이를테면 해류는 건국의 어머니, 그 왕성한 생산력은 불가항력이다 한꺼번에 수천수만의 난자를 배양하여 일거에 출산의 태풍을 일으키기도 한다

 뿐만인가 그렇게 지피지피의 일원이 된 부족원들은 타고난 DNA를 유감없이 발휘하여 서로 부둥키고 뒤엉키고 부딪고 깨물고…… 밤낮없는 격렬한 교잡으로 절정의 체액을 분비하며 2세 생산에 몰두한다 미세 플라스틱 등으로 불리는 신종 플랑크톤이 다 그 후손들이다 이 또한 얼마나 매혹적인 2차 번식인가!

\>

  물고기들의 입질은 맹목이다 닥치는 대로 걸터듬는다 인간의 그물질 또한 맹목이다 원근을 가리지 않고 내리훑는다 그렇게 지피지피의 부족원들은 간단없이 인간의 그물망에 걸려 그들의 밥상에 오른다 오장육부에 신종 플랑크톤을 착상시킨다 쿠릴열도의 등 굽은 명태가 덕장에 걸리고 베링해협의 집게 없는 대게가 찜통에 눕는다 캘리포니아 해안을 표류하다 불시착한 혹등고래의 기도에선 겹겹의 비닐 뭉텅이가 나왔다는 뉴스가 전파를 타기도 한다

  인간에게 던지는 치명적인 재앙의 경고였다 놀란 인간은 지구적 차원에서 용병을 모집하고 치밀한 토벌 계획을 수립하였으나 그 전과는 미미하였다 문명의 이기 앞에 용병은 사분오열하였고 전술은 비현실적이었다 지피지피는 단순한 지피지기의 전술로 함락될 나라가 아니었다 탁상공론을 거듭하는 이 순간에도 지피지피는 자신들의 영토를 기하급수적으로 넓혀가며 지구의 곳곳에 게릴라를 파병하고 있다 바야흐로 그들의 역습이 시작된 것이다

*Great Pacific Garbage Patch(태평에 한가운데 떠 있는 쓰레기 섬).

지구에게 할 말이 생겼다

네거리 지나 첫 골목 작은 구멍가게에 들렀다
차창 너머로 늘 궁금하던
들마루 할아버지는 역시 혼자였다
다들 먼 데로 갔어, 그렇게만 말했다
목소리에 쓸쓸한 가을빛이 비꼈다
바깥 공기가 차요
들마루를 쓸어주고 뻥튀기 한 봉을 샀다

보도블록 틈새로 삐져나온 질경이들
무자비하고 잔인한
캐터필러 밑에서도 악착같이 살아남은
인디언들을 생각했다
원주민이란 말은 참으로 슬픈 말이었다
빼앗기고 짓밟힌, 아픔의 질감이 묻어나는,
삼가 비켜 걸었다

공원 벤치에 한 쌍의 연인이 앉아 있다
누가 귓불을 간질인 것일까
샛노란 은행잎이 까르르 허공을 날린다
덩달아 비둘기 떼 구구거리고

나는 뻥튀기 한 조각을 던져 주었다

공원 후문 옆의 조촐한 칼국수 집
오늘은 여기까지만 걷기로 하자

승용차를 처분한 건 불과 석 달 전
나는 왜 그리 조급했던가?
소음과 매연, 그 혼잡 속을 뒤엉키면서
왜 마스크 뒤로 숨으려고만 했던가?
미안하다 지구여

송사리

— *경로를 이탈하였습니다*
내비게이션은 기어코 새로 난 도로 위에서 길을 잃었다

물 맑고 골 깊다는

송사리는 보이지 않았다
— *경로를 재설정합니다*
거듭해도 소용이 없었다

산은 허리가 잘렸고 개천은 토관에 모가지를 잡혔다
순장인 듯 모래사장이 그 뒤를 따랐다

화전놀이 번철은 행방불명된 지 오래고
천렵의 솥단지도 얼마 전 매장 당했다는 풍문이다

태어날 때부터 이마에 깜부기 점이 있어
그해 엎쳐진 보리밭이 새삼 소환되었던
그 보리밭 자리 점순네 보리밭 카페를 지나
원로 대우로 근근 목숨 부지한
터줏대감 늙은 버드나무를 찾아갔다

>
  송사리는 어디 있나요?

  버드나무는 대답 대신 검버섯 듬성한 겨드랑이에서
  책 한 권을 꺼내 놓았다
  좀먹은 어류도감이었다

  송사리는 거기에 있었다

  화석이 되어 가는 중이라고 했다
  마지막 인사인 듯 꼬리지느러미를 꿈틀, 하는 것이었는데
  그 작은 파동만으로는 옛 주소를 살려내기 어려웠다

  결국 나도 길을 잃었다

고은이 사라졌다

내 고향의 옛 주소는
충북 청원군 남일면 고은리 버들고지
도시로 편입되면서 새로 얻은 주소는
충북 청주시 상당구 남일면 버들고지길

그러니까 고은, 高隱이 사라진 것이다

그 자리에 들어선 '상당석재'는
고매高邁한 산의 높이를 깎아내렸고
시멘트로 포장된 직선의 길은
은일隱逸한 계곡의 옆구리를 관통했다

수백 년 수살거사로 마을을 지킨
버드나무 양위분,
그분들이 곧 마을의 이름이었는데
그분들이 곧 마을의 역사였는데

한 분은 얼마 전 폐섬유화증으로 세상을 떴고
한 분도 돌가루를 뒤집어쓴 채
갈수록 콜록거리는 그늘이 위태롭다

\>
그 그늘 속에 지팡이를 세워 놓고
高隱, 고은은 어디로 사라진 것일까

고향길

비가 내린다
놀이방 있던 공터 지나
무너진 토방
말똥말똥 생쥐가 비를 긋는다
한걸음 지척
양철지붕 요란하다
작년 이맘때
오쟁이 진 털보 형님
수음이 한창인 모양
막걸리 냄새 비릿하다
고샅길 돌아 파란 대문 집
채마밭에 내리는 비는
콜록콜록, 등이 굽었다
손 내밀면 뿌연 비안개
어머니 안 계시다

수컷에 대한 보고서

아직 야생의 습성이 남아 있다
보름의 달이 백양나무 숲을 지날 때
송곳니가 달빛을 깨무는 경우가 있다
조심해야 한다 목줄을 단단히 채워야 하고
입마개도 준비하는 게 좋다

목소리가 크면 이긴다는
철 지난 병법을 맹종하고 있다
진법도 모르면서 고성 농성을 즐기니
이웃에 대한 폐단이 무수하다
성대를 제거함이 분쟁을 줄이는 지름길이다

치유 불능의 고질병도 있다
지위 고하를 막론하고 암컷만 보면 덤빈다
그것을 호걸이라 일컫던 향수에 젖어
정규 교육과정마저 별무소용이다
도리가 없다 중성화 수술이 최후의 방책이다

다만, 종족 번식을 위한
우량한 씨수컷의 배양은 요구되는 바이다

암컷에 대한 보고서

아직 수태의 숭고한 본능을 가지고 있다
달의 차고 이욺으로 갯벌을 경작하여
태고 이래의 인류를 양육해 왔다
그리하여 달빛 포구엔 늘 갯비린내가 흥성거렸으나
아무나 정박할 수 있는 건 아니었다

침어낙안沈魚落雁의 전설은 진행형이다
성형과 미용의 진법은 날로 현묘해져
점입가경의 화용월태로 전면전을 불사한다
거기에 애교와 눈물을 장착하면
그야말로 천하무적, 속수무책이다

한 겹 치마의 힘은 얼마나 위대한가!

그 치마 속 비경을 엿보기 위해
뭇 수컷들은 기꺼이 두 무릎을 꿇는다
한 숨결의 은혜를 애걸하며
나라의 흥망마저 그 콧등 위에 올려놓는다

미인계는 지극히 고전적인 전술

그 화려하고도 요염한 견지질에
두루 낚인 수컷들의 눈물은 탓해서 무엇하리
이 또한 맹목의 쾌락에 자진한 것이니
성문의 율법으로 다스릴 일은 아니다

다만, 경배하고 경계할 따름이다

제4부

근황 1

아내와 딸이 싸운다
딸이 식탁 위에 강아지를 올려놓고
털을 다듬던 게 화근이다
갱년기를 넘어가는 아내의 짜증과
노처녀로 접어드는 딸의 도발이
바야흐로 모녀대전을 불러온 것이다
고슴도치도 제 자식은 함함하다지만
아니다 한번 어긋나 등 구부리면
오가는 말 화살이 신기전神機箭이다
꼭 탈이 날 것만 같다
이럴 때 어느 한쪽 역성들다가는
뒤탈을 감당하지 못할 터
슬그머니 현관문을 밀고 나온다
담배나 한 대 피워볼까, 하는데
누군가 어깨를 툭 친다 돌아보니
옆 동 김 선생이다
나보다 일 년 먼저 퇴직한,
오늘은 한나절 소일할 수 있겠다

근황 2

시간이 흐물거린다

늦잠이 들어도
후다닥, 깨우지
않고
끼니가 되어도
꼬르륵, 채근하지
않는다

술 닷 말과 멧돼지 한 마리
어깨에 둘러메고
삼경의 고개를 넘어
하현의 달마당에 놀아도
째깍째깍
시침 분침 분명했거늘
새벽 발기 꼿꼿했거늘

영 매가리가 없다

때깔 좋은 넥타이처럼

목에 감겨 근엄
하지도 못하고
노련한 사냥꾼처럼
술청에 앉아 의기양양
하지도 못하고

갈수록 뒷덜미가 쓸쓸하다

머리나 감아 볼까
오랜만에
구두나 닦아 볼까
쓸데없는 짓
갈 데가 없다
시간은
발딱 서지를 않는다

뭐라? 비아그라?

근황 3

장바구니는 좀 멋쩍어
배낭을 메고 시장엘 간다
아내가 적어 준 쪽지를 들고
열무 두 단과 양파 한 망
그리고 홍고추를 조금 산다
생강도 몇 뿌리
제법 익숙하게 흥정도 한다
채소전 다음은 어물전
아내는 고등어 요리를 좋아한다
노르웨이산으로 할까, 국산으로 할까
4천 원 차이면 막걸리가 한 되
지체 없이 노르웨이산을 가리킨다
때마침 엿장수의 품바타령이 구성져
흘끗 돌아보니
이런! 한 봉에 4천 원이 넘는다
옛날엔 빈 병 몇 개만으로도
한나절이 달콤했거늘……
하릴없이 반백의 머리 쓰다듬으며
기웃기웃 걷다 보니
어느덧 먹거리 골목, 단골집이다

어쩌랴, 막걸리 반 되를 시킨다
이럴 때 함께하면 좀 좋으랴, 나쁜 친구
아직 이별할 나이는 아닌데……
벌컥벌컥, 그쪽 세상에도 주막은 있는가
핑계로 반 되를 더 시킨다
그래야 4천 원, 아귀가 딱 맞지 않겠는가
혼자 따르고 혼자 마시고
결국은 혀가 꼬부라져
이젠 막걸리에도 취하는구만
혼잣말 중얼대며
833 버스를 탄 것까지는 분명한데
그 이후로는 기억이 없다
잠을 깨니 저녁 무렵인 듯
아내의 잔소리가 주방의 도마를 때린다
— 사 오라는 쪽파는 안 사 오고
　고등어는 외국산이고
　대낮부터 술이나 퍼마시고

근황 4

 돋보기를 만지작거리다 책을 덮는다 노안 탓만은 아니다 이젠 읽는 것보다 써야 하는 나이, 시작 노트의 시 몇 편으로 명분을 삼는다

 중국 청춘 멜로를 즐긴다 자막도 있고 내용 또한 단순하니 볼륨을 줄여도 좋다 남녀 청춘 배우들은 또 얼마나 발랄하고 상큼한가! 아내가 눈 흘길 때만 슬쩍 바둑으로 돌린다

 변기에 바짝 다가선다 찔끔찔끔 오줌발이 짧아져서가 아니다 거울 속 나를 좀 더 가까이 들여다보기 위함이다 염색도 했겠다, 슬쩍 눈웃음도 쳐보는

 늦가을, 물들면 모든 게 추억이다 숲길 걸어 거기 조그마한 산 주막, 도토리묵에 막걸리 한 사발 마주한다 혹시…… 문 열릴 때마다 고개를 든다

근황 5

 샤워하다 거울에 비친 몸을 본다 낯설다 사타구니에 비누칠을 한 번 더 하고 일껏 알통도 만들어 본다 아직은 곁눈질하고픈 나이, 염색은 엊그제 했으니 내일부턴 20층 계단을 오르내리리라

 안 입던 겨울 속옷을 꺼내 입기 시작한 건 이태 전, 털모자도 새로이 하나 더 샀다 이젠 혈압약과 고지혈증 약을 먹어야 하나? 인터넷 검색이 잦아졌다 무작정 버틴다고 될 일은 아닌 듯

 코로나 바이러스가 창궐한단다 기력과 면역력이 약해진 노인들에겐 치명적이니 함부로 나다니지 말란다 심심찮게 화면에 등장하는 병동의 모습, 마스크 꼭꼭 쓰고 예방 접종 1차 2차 다했는데 설마……!

 부스터 샷 맞으러 간다

꽃 마중

오랜만에 면도를 한다
하얀 와이셔츠에 분홍 넥타이도 맨다
퇴직한 지 삼 년, 처음인 듯 어색하다
그러나 설렌다
아내가 눈이 휘둥그레져
어디 젊은 년이 생긴 거 아니냐며
아침 내내 의심의 눈초리다

어제 근린공원을 배회하다
목련을 만난 것이다
꽃 몽우리 새초롬한,
그래서 오늘 개화할 것이 분명한
목련을 만나러 가는 길이다
말하자면 오늘이 첫 상견례인 셈이다
어찌 의관을 정제하지 않을 수 있겠는가!

집에 가는 길

함께 우산을 쓰고 간다
바짝바짝 어깨를 붙이고
슬쩍슬쩍 우산을 기울여 주며
낡은 목조 다리를 건넌다
고등어 한 손
우산 손잡이에 맞잡아 걸고
좁은 비탈길을 오른다
오를수록 빗줄기 거세지는
멀어도 좋은 길
바깥쪽 어깨가 젖어든다
괜찮다, 괜찮다
서로의 어깨 한쪽씩만 젖어주면
보아라, 일용할 양식
고등어도 온전치 않느냐
젖은 어깨 털어 주며
찰방찰방 웃으며 간다

출근길

아침마다 구두를 신는다

나는 구두칼을 들어
밤새 벼린 전의戰意 한 날
발끝에 세우고

아내는 구둣주걱을 받아
밤새 지은 미소 한 조각
발밑에 깔아 준다

칼과 주걱이 현관문을 나선다

넥타이

그래요 훈장이 맞아요
이제껏 저것들에 목이 매여
째깍째깍 쉴 틈 없이 살아왔어요
언제까지냐, 묻지 말아요
내 목이 붙어 있는 한
벗어날 길은 없어요
옭매일수록 파이가 생겨요
파이는 빵일까요
아니면 무한대의 고뇌일까요
모양도 때깔도 무늬도 다양해서
늘 갸우뚱, 긴장을 해요
불안해요 목을 매지 않으면
문밖 세상이 두려워요
그런 세상의 시곗바늘을
여기까지 돌리고 왔으니
그래요 훈장이 맞아요
이제는 스스로 목을 매요 습관처럼
거울 앞에 서요
오늘은 과연 어떤 파이일까요

쑥부쟁이

미안하지만 나는 구절초가 아니다
아홉 번을 꺾여도 지조를 잃지 않는다는
순백의 고결이 아니다

민가의 비방인 쑥의 흉내나 내면서
저만치 물가에 앉아 낚시질을 하거나
풀숲에 엎드려 돌팔매질 몇 번 했을 뿐이다

그게 이 가을까지 온 비결이다
그래서 얻은 보랏빛 꽃잎이다
미안하지만 이 생애는 또다시 반복될 것이다

한참 동안,
나를 들여다보고 가는 이도 많다

상당집 술 한잔

명암약수에서 상당산성을 오르는
8부 능선쯤, 소나무 한 그루
반가부좌를 틀었다 옹이마다 송진 희끗한

평교사로 명예퇴직한 장 선생
그도 어언 반백이다
오랜만에 상당집 술청에 앉아 있는

약수 마시고 신발 끈 조일 때는 지척이었다
오르지 못할 성루가 어디 있겠느냐,
딱새의 부추김도 있었다

올해년 폭설인가 임오년 태풍인가
사연 곡진해도 듣는 이 없는

솔잎 몇 장 물고 와
뻐꾹,
술 한잔 치는 뻐꾸기의 눈치가 제법이다

귀가

 늦은 밤, 삼겹살에 소주 한잔하고 지하철에 올랐더니 웬 낯선 사내가 게까지 따라와 천연덕스럽게 옆자리를 하는 게 아닌가! 반백의 주름에 음영이 깊었다

 자세히 보니 독수리 같기도 하고 부엉이 같기도 하고…… 마스크 위로 드러난 굴곡으로 보아 뾰족 부리를 가지고 있음이 분명하다 쳐진 눈꺼풀도 예리한 눈빛의 잔광을 완전히 감추지는 못했다

 휙, 휙, 휙, 몇 개의 플랫폼이 별무리처럼 스쳤다 그때마다 화려했던 사냥의 한때를 추억하듯 입맛을 다시는 그의 입술에서 투명한 피비린내가 났다 둥지에 켜켜이 배어 있는 익숙한 냄새였다

 그 냄새를 좇아 이번에는 내가 따라 내렸다 어느덧 우리는 백년지기처럼 어깨를 맞댄 채 7번 출구를 향해 **빠른** 속도로 걷고 있었다

12월

또 한 겹 나이테를 돌아
종착지가 지척이다
실핏줄 끝끝마다 연초록 새순을 틔우던
연모의 날들이 있었다
짧았지만 꽃향 분분한 곡선주로였다
폭풍우에 천둥 박차를 가하던
질풍노도도 있었다 수시로
물관은 찢어졌고, 그 틈새로
생명의 외경이 번쩍였다
그때의 나는 외롭고 높고 뜨거워서
살아있음에 눈물을 흘리기도 했다
열매의 제단에 술잔을 올릴 때는
히염없이 침잠했다
멀리서 보면 기도하는 것처럼 보였을지도 모른다
삶은 때로 그럴 만한 가치가 있었다
동지가 가까웠음인가, 숨결이 깊다
바야흐로 고삐를 다잡아야 할 때
심장의 옹이에 송진을 덧칠한다
나이테여, 내 삶의 트랙이여
한층 더 단단해지기를

이름값

내 이름은 장문석, 한자로 쓰면 張文錫
베풀 張, 글월 文, 주석 錫
그대로 해석하면
주석 같은 글월을 세상에 베푸는 사람
좋다 그래서 그나마 시인이 됐나 보다
'주석'은 주조성이 뛰어나 일찍이 구리와 함께 청동기 시대를 열었던
인류사에 없어서는 안 되는 아주 요긴한 금속
내가 그런 글을 쓰는 사람이라니!

내친김에 破字풀이까지 해본다
張은 弓+長, 弓은 활
長은 우두머리, 또는 길다
그러니까 활의 우두머리. 또는 길고 큰 활
이나저나 武에 출중하다는 얘기
흠잡을 데 없다

그리고 가장 중요한 내 이름의 첫 자
文, 그냥 놔두기로 한다
제 부수이기도 하지만 상용한자가 없어 독야청청

무엇보다 내 자존심이기 때문이다

다음은 이름의 끝 자 錫, 錫은 金+昜
金은 모든 금속 광물의 총칭이지만
그중에 '황금'의 뜻만을 취하기로 한다
昜는/은 바꿀 '역', 쉬울 '이'
양수겸장해도 괜찮겠다

그런데,
그러면 어떻게 되는가?
武를 앞세워 글월을 황금으로 쉽게 바꾸는 사람?
어?
이건 안 되겠다

파자풀이까지 할 필요는 없겠다
張文錫, 주석 같은 글월을 세상에 베푸는 사람
좋다 그러나 이름값을 하려면 아직 멀었다

곰이 문을 열고 들어왔다

내 이름 가운데 글자가 **문**이라는 거
다 알지?

성姓씨야 대대로 물려받은 것이고
마지막 돌림자 또한 항렬이니
온전히 나를 표상할 수 있는 건
가운데 글자 **문**일 뿐

글월 **문**이야, 글을 읽고 쓰는 게
운명이었나 봐

그 **문**으로 세상의 **문**을 연 건
스물 언저리
풋내났지만 나름 열정의 시절이었어

꽃 피는 폭포수, 띠 두른 아스팔트
소녀의 갈래머리, 왁자한 시골 장터
어디든 기웃거렸지

그러던 불혹의 즈음이던가

문이 종종 금빛으로 반짝이곤 했어

그때부터였을 거야
문으로 **문**을 치장하기 시작한 것은

누구든 이 **문**을 통해 내게 오리라

그런데 그때였어
겨울의 **문**을 넘어오던 **문**이
홀라당 뒤집히면서 홀연,
한 마리 **곰**으로 둔갑하는데 말이야

아, 그때의 놀라움이란!

곰이 된 **문**은 다짜고짜 내게 말했어
이제부터 겨울잠을 자야겠다고
그래야만 **문**이 **문**다워진다고

특히 장문석!
문을 업으로 삼으려면 명심하라는 거야

장문석

1990년 《한민족문학》으로 작품 활동을 시작했다.
시집 『잠든 아내 곁에서』, 『아주 오래된 흔적』, 『꽃 찾으러 간다』, 『내 사랑 도미니카』, 『천마를 찾아서』, 동시집 『동물원 내 친구』, 디카시집 『나비, 허정에 들다』, 시산문집 『시가 있는 내 고향 버들고지』, 『인생은 닻이 아니라 돛이다』, 『사랑은 서로를 건너는 것이다』 등이 있다.

곰이 문을 열고 들어왔다

2024년 9월 9일 초판 1쇄 발행

지은이　장문석
펴낸이　유정환
펴낸곳　도서출판 고두미
　　　　등록 2001년 5월 22일(제2001-000011호)
　　　　충북 청주시 상당구 꽃산서로8번길 90
　　　　Tel. 043-257-2224 / Fax. 070-7016-0823
　　　　E-mail. godumi@naver.com

ⓒ장문석, 2025
ISBN 979-11-91306-77-4　03810

※ 이 책은 충청북도, 충북문화재단의 후원을 받아 예술창작활동 지원사업의 일환으로 발간되었습니다.
※ 책값은 뒤표지에 표시하였습니다.
※ 잘못 된 책은 구입한 곳에서 바꾸어 드립니다.